WEINGARTEN

Einführender Text von Richard Schmidt

Karl Robert Langewiesche Nachfolger Hans Köster
Königstein im Taunus

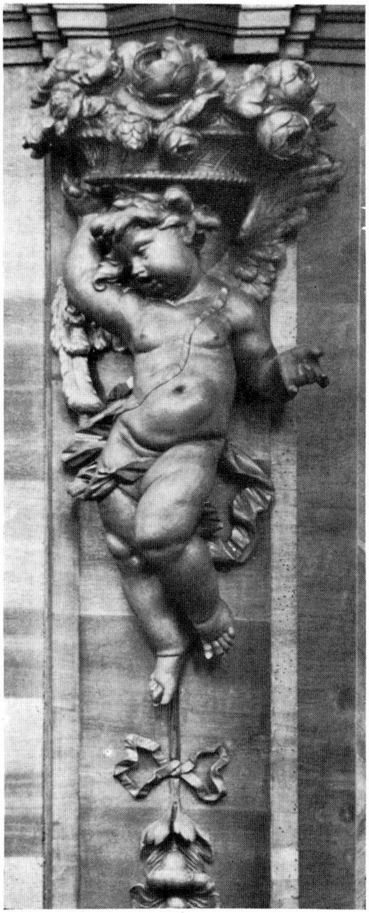

Putto am Chorgestühl

In Altdorf im Schussengau, wie Weingarten bis zum Jahr 1865 hieß, lag die früheste Klostergründung des Welfengeschlechtes in Schwaben, ein im 10. Jahrhundert gestiftetes Nonnenkloster zur hl. Maria, das im Jahre 1053 durch Feuer zerstört und von der Witwe Welfs II. auf den Martinsberg verlegt wurde, wo die Pfarrkirche von Altdorf stand. Aber schon 1056 tauschten die Nonnen ihren Sitz mit Benediktinern aus Altomünster, die das kleine Nonnenkloster durch »ein neues, schöneres Kloster« ersetzten, dessen Kirche 1182 geweiht wurde.

Seitdem erhebt sich die Abtei, weithin das breitgelagerte Schussental beherrschend, auf der Bergterrasse der großen Kreisstadt; sie ist Schauplatz der größten Prozession im schwäbischen Lande, des Blutritts zu Ehren der Reliquie des Hl. Blutes Christi, die Judith von Flandern, die Gemahlin Welfs IV., im Jahre 1094 dem Kloster geschenkt hat. Obwohl mehrmals von Bränden heimgesucht, behielt es im wesentlichen sein mittelalterliches Aussehen bis zum Neubau in der Barockzeit. Selbst heute stehen Teile der Südwand, des Querschiffes und des Südturmes der romanischen Kirche und in vollem Umfang der Konventbau.

Die romanische Kirche war eine dreischiffige Basilika mit Querschiff, Rechteckchor und Westwerk zwischen zwei Türmen, deren südlicher nicht ausgebaut war. Sie war insgesamt 82 Meter lang und blieb nur wenig hinter der von Hirsau, dem Vor-Ort der reformierten Benediktiner, zurück. Ihr Schiff besaß nahezu die Länge des Schiffs der heutigen Barockkirche. Obwohl die alten Klausurgebäude viele Umgestaltungen erfuhren, reichen sie im Kern in das 12. Jahrhundert zurück. Von bemerkenswertem baukünstlerischem Wert ist der 1515 begonnene und nach 1600 vollendete netzgewölbte Kreuzgang, auf dessen lange Bauzeit die stilistischen Unterschiede der Gewölbeanfänge hinweisen. Von erstaunlicher Erfindungskraft, gotische Formen abwandelnd, sind die Maßwerkfüllungen der Fensterbögen. Der Überlinger Meister Hans Brielmayer war der Vollender des Kreuzgangs.

In der zweiten Hälfte des 17. Jahrhunderts, dem Jahrhundert des Dreißigjährigen Krieges, waren Kirche und Kloster »an vielen Orten ruinos«, so daß Abt Willibald Kobolt es »reparieren« wollte. Er bat daher im Jahre 1684 den Abt von Einsiedeln, ihm den Bruder Caspar zu schicken, »da er ein sonderbares Vertrauen in seine Kunst, Dexterität und Experienz gesetzt habe«. Bruder Caspar, mit seinem weltlichen Namen Andreas Moosbrugger, war später der Erbauer der Klosterkirche in Einsiedeln in der Schweiz. Seine Mitwirkung am Bau des Münsters in Weingarten ist nicht nachweisbar.

Als im Jahre 1712 die Bauarbeiten am Kloster aufgenommen wurden, erhob die österreichische Landvogtei *Einsprache, da die Erweiterungsbauten auf österreichisches Gebiet zu stehen kämen.* Abt Sebastian Hyller, der fortdauernden Behinderung müde, entschloß sich daher, die auf unbestrittenem altem Klostergebiet stehende romanische Kirche abzubrechen und an ihrer

** Zur Kursivschrift siehe Seite 48*

Stelle die neue Kirche zu erbauen. Im Jahre 1715 wurde damit begonnen. Am 10. September 1724 konnte der Neubau geweiht werden. Die Weiterführung des Klosterbaus, gegen den Österreich 1728 ein Bauverbot ergehen ließ, gelang jedoch erst, als Abt Plazidus Renz auf einer Reise nach Wien *gegen sehr hohe Zahlungsverpflichtungen* die volle Herrschaft über das Klostergebiet erreichte *(7.5.1740)*. Sofort wurde dem Wessobrunner Meister Josef Schmuzer *(1683–1752)* die Wiederaufnahme des Bauwesens übertragen. Um 1730, *als Schmuzer erstmals in Weingarten als Baumeister nachweisbar ist,* war *lediglich der südöstliche Teil* des Klostervierecks vollendet. *Ab 1740 wurde unter Schmuzers Planung am Hof- und Prälaturgebäude weitergebaut. Wegen allzu hoher Schulden resignierte Abt Plazidus Renz 1745, und die Baurbeiten kamen zum Erliegen. Bis um 1750 konnte noch der nördliche Klosterfügel fertiggestellt werden, dessen südwestlicher Teil und die übrigen Planungen Schmuzers kamen nicht mehr zur Ausführung. Bis heute* konnte die Frage nach dem Baumeister der heutigen Kirche nicht eindeutig beantwortet werden. *Die Bauakten nennen mehrere Namen: die Vorarlberger* Kaspar Moosbrugger, Franz Beer und Christian Thumb sowie Johann Jakob Herkomer, Josef Schmuzer und den Weingartener Bruder Andreas Schreck, der *einen Plan für Weingarten zeichnete, wie P. Dr. Gebhard Spahr OSB 1958 nachwies. Bruder Andreas war »Maurermeister«* des Klosters Weingarten und als solcher mit der baulichen Unterhaltung der zahlreichen Gebäude des Klosters betraut, die es in Oberschwaben besaß. Was Bruder Andreas Schreck zeichnete, war jedoch kein eigener Entwurf, dazu war schon die Zeit, die er auf seine Arbeit verwandte (9. bis 21.2.1715), viel zu kurz, es dürfte sich vielmehr um die *Verarbeitung vorhandener Pläne und daran anschließender Überlegungen, auch des Abtes Sebastian Hyller,* handeln, wofür auch der Wortlaut der Nachricht, die wir über seine Tätigkeit haben, spricht. Es heißt dort »ideam delineavit«, was man am besten mit *»diesen zeichnete er ab (oder auf)«* übersetzt.

Engel im Chorgestühl

Eine andere Aktennotiz *sorgte lange für noch mehr Verwirrung in* der Baumeisterfrage: Das unveröffentlichte Aktenbündel, *der »Baubeschrieb«,* das diese Notiz enthält, stammt aus dem Jahre 1724, demselben, in dem die feierliche Weihe der Klosterkirche durch den Bischof von Konstanz Johann Franz Schenk von Stauffenberg vollzogen wurde. Auf der ersten Seite enthält es Angaben über die Größe der Kirche und ihre verschiedenen Höhen, auf der zweiten und dritten Seite werden die am Bau beteiligten Künstler und Kunsthandwerker aufgezählt. Diese Liste beginnt mit folgenden Angaben: Baumeister Herkomer aus Füssen hat einen Riß gemacht. Darunter steht der Name »Baumeister Beehr« (...). Der Rest der Liste enthält eine Reihe weiterer

Maria-Hilf-Altar

Namen, deren wichtigste sind Cosmas Damian Asam, der Maler der Deckenbilder, und der Baumeister des Herzogs von Württemberg, Donato Giuseppe Frisoni, der Risse zu den Türmen, dem Frontispiz und der Kuppel der Klosterkirche entworfen *habe.* Insgesamt sind in der Liste etwa 25 Namen aufgezählt. Man darf annehmen, daß sie anläßlich der Kirchenweihe angefertigt wurde. *In* der Aufzählung *wird* außerdem das gegenseitige Verhältnis der an erster Stelle vermerkten Baumeister *beschrieben:* Herkomer *sei ausschließlich entwerfender Architekt, Franz Beer sei* die Bauleitung übertragen, sein Stellvertreter, oder wenn man weitergehen will, sein Mitarbeiter, *sei* Andreas Schreck, der Anfertiger des oben erwähnten Planes, den er 1715 in Hofen (jetzt Friedrichshafen) gezeichnet hatte. *Aber diese Angaben täuschen, vielmehr ist davon auszugehen, daß Ideen mehrerer Entwerfer kombiniert wurden.*

(...) Für Herkomer *sind* mehrere Besuche in Weingarten urkundlich überliefert (...), und zwar in den Jahren 1711, *1712 und 1713, 1712 erhält er* für einen Riß für die Kirche 14 Gulden (...). 1717 ist er schwer krank und stirbt in demselben Jahr. J. J. Herkomer (1648–1717) war Erbauer der Benediktinerkirche St. Mang in Füssen (1701–1711). Es lag nahe, den genialen Künstler *zu Rate zu ziehen.* Tatsächlich ergibt die Konzeption der *Füssener* Stiftskirche beachtliche Vergleichspunkte mit Weingarten: Die Wölbung mit Hängekuppeln, die für die Bauten Herkomers charakteristischen Halbrundfenster und die Pilastervorlagen an den mit Bogenöffnungen versehenen Pfeilern, allgemein jene kühle italienisch beeinflußte Haltung, die auch Weingarten besitzt.

P. Adalbert Nagel, Weingarten, entdeckte 1963 eine Urkunde aus den Abtei-Rechnungen, der zufolge der »Baumeister« Franz Beer (1660–1726) im Jahr 1700 für »sehr schöne Risse« für die Kirche 24 Gulden erhalten hat. Entsprechend anderen Entwürfen Beers für andere Kirchen nimmt er an, daß von Beer zumindest die Idee der Tambourkuppel und der zurückschwingenden Emporen übernommen worden ist. Beer war außerdem 1712 und 1716 in Weingarten. 1716 wurde Beer die Bauleitung angeboten, die er aber ablehnte, da er, wohl aus finanziellen Gründen, die Aufgabe nicht mit Bruder Andreas Schreck teilen wollte.

Bruder Andreas und Christian Thumb bauten zunächst allein an der Kirche weiter, wie sie auch am 22. 8. 1715 allein begonnen hatten, bis schwierigere Fragen, z.B. die Wölbung zu lösen waren. In diese Zeit fällt das Eingreifen des württembergischen Baudirektors Frisoni (1683–1735), der in den Jahren 1717 bis 1719 Entwürfe für die Gestaltung der Türme, der Kuppel und des Frontispizes lieferte. Frisoni faßte die Architektur der Kirchenfassade oberhalb des Hauptgesimses durch eine Balustrade zusammen, über der sich Frontispiz und Türme aufbauen. Damit erhielt die Kirchenfassade ihre endgültige Gestaltung. *Bauleiter blieben Christian Thumb und* Bruder Andreas Schreck, der das Frontispiz gegenüber dem Entwurf 14 Schuh niedriger haben wollte; man einigte sich darauf, es nur um 5 Schuh zu reduzieren. *Frisoni stand weiter »mit gutem Rat« zur Seite.*

Hl. Paulus am Altar des nördlichen Querhauses

DIE BASILIKA–Außenbau

Die Westfront der Basilika ist ausgesprochene, sorgfältig aus graugrünem Sandstein erbaute Schauseite. Ihre große Architekturform bestimmt entscheidend das Turmpaar, das bekrönende Frontispiz und die dahinter emporragende Tambourkuppel. Sie ist unterbaut durch die Vorwölbung der von Pilasterpaaren gegliederten Mitte und das Abrücken der Türme. Über der hohen Gebälkzone lockert sich die Strenge der Form; schwingende Gesimse, geschweifte, kupfergedeckte Turmhelme, eine von freistehenden Plastiken gebrochene Umrißlinie sind ihre Kennzeichen. Wenn auch gegenüber der Westfront die anderen Seiten der Basilika als schlichte Putzbauten zurücktreten, so weisen sie doch zwei große Architekturbilder auf, den Chorschluß und den hinter den Konchen des Querhauses emporsteigenden Tambour mit Kuppel und Laterne, die genau im Schnittpunkt der Diagonalen des Klosterrechtecks liegt. Das ist kein Zufall, sondern ein Beweis für die großartige Konzeption der Planung schon vor Erbauung der Kirche.

INNENRAUM

Auch im Grundriß der Basilika ist ein neuer, über die Baugewohnheiten der Vorarlberger hinausführender Gedanke verarbeitet, die Differenzierung der Raumeinheiten, die im Westen mit einer querovalen Vorhalle beginnen, auf die neben den Türmen ein schmales Joch folgt, das zu drei querrechteckigen Jochen überleitet. Sodann reihen sich Vierung und Chorjoch, beinahe quadratisch, an. Den Chorschluß bilden ein dem kurzen Westjoch entsprechendes Ostjoch und die halbrunde Chorapside. Den Jochen in Mittelschiff und Chor entsprechen schmale, von eingezogenen Pfeilern gebildete Abseiten, die sich an der Vierung bogenförmig ausbauchen und diese querschiffartig erweitern. Das Ganze ist ein klarer, nach bestimmten Maßen konstruierter Grundriß, der die *Idee des Längsbaus (Longitudinalbaus) mit der des Zentralbaus* verbindet.

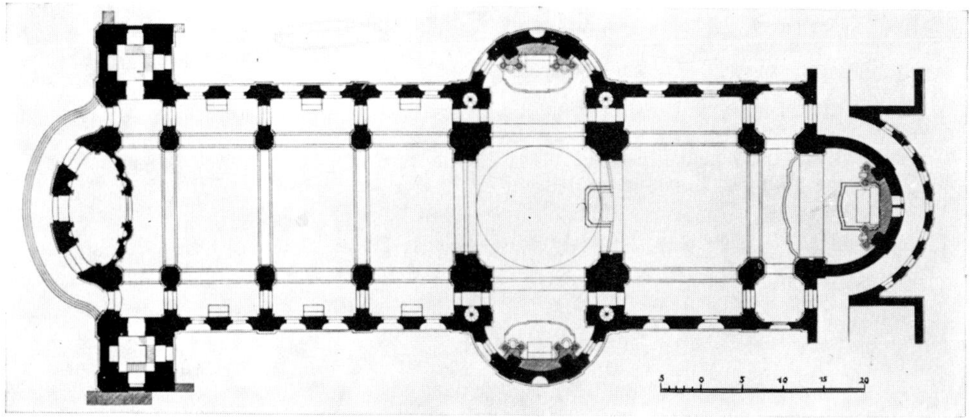

Grundriß der Klosterkirche

Wesentlich Neues bringt auch der Aufriß. Die in den Kirchenraum einbezogenen Pfeiler der Abseiten wirken als Freipfeiler, da sie, von großen Rundbogen durchbrochen, von der Außenmauer abgelöst und ihre Stirnseiten mit Pilastervorlagen ummantelt sind, hinter denen erst die konkav nach außen schwingenden, wie leichte Brücken gegen die Widerlager der Abseitenpfeiler gespannten Emporen ansetzen.

Die zweifellos beabsichtigte optische Umformung und Ausweitung des Schiffes zu einer einzigen Halle wird unterstützt durch die Art der Einwölbung, die in Richtung zur Längsachse der Kirche ansteigt und deren letzte Steigerung zum erstenmal in Schwaben die vollkommene Gestalt einer hohen Tambourkuppel annimmt. Der Höhenentwicklung des Innenraums dient auch die Ausmalung, die hier mehr als anderswo ein Mittel der Architektur ist. Es zeugt für das selbständige Urteil des kunstsinnigen Abtes Sebastian Hyller, mit dessen Namen das große Bauvorhaben unauflöslich verknüpft ist, daß er dem erst 32jährigen Cosmas Damian Asam (1686–1739) einen der umfangreichsten Malaufträge seiner Zeit erteilte. Die in die Gewölbe gemalten offenen Säulen- und Kuppelhallen, Treppen- und Pfeilerarchitekturen setzen die reale Architektur fort und weiten den Raum, dessen Abschluß sie zu durchbrechen scheinen, indem sie dem Blick die Ferne des Himmels öffnen.

Bildthemen sind die Verherrlichung der Muttergottes, des heiligen Benedikt als Ordensgründer und der Heilig-Blut-Reliquie, durch die Weingarten berühmt wurde; das Hauptbild in der Vierung, die Verherrlichung der Kirche und aller Heiligen, ist eine vielhundertköpfige Komposition, deren Figuren dreifache Lebensgröße erreichen.

Es war das erste große Freskowerk Asams; mit ihm verwirklichte er den theologischen Sinn der barocken Kirchenmalerei nach der Inschrift über dem Kirchenportal »In omnibus glorificetur Deus«; aber auch der ideelle Raumgedanke erhielt erst durch die Ausmalung endgültige Gestalt.

Gegenüber der den Raumeindruck weithin bestimmenden Ausmalung tritt die Ausstattung zurück. Die stuckmarmornen Altäre Frisonis in der Chorapsis und den Kreuzarmen sind repräsentative Schaustücke von kühler Eleganz. Großes formales Können und fast theatralisches Pathos zeigt ihr reicher plastischer Schmuck durch Diego Carlone. Die Nebenaltäre in den Abseiten *und die Stuckfiguren* von dem Stukkateur Franz Schmuzer *(1676–1741), einem Bruder des Baumeisters Josef Schmuzer,* spielen räumlich nur eine geringe Rolle.

Von hohem Rang ist dagegen das Chorgestühl, eine Jugendarbeit des Bildhausers Josef Anton Feuchtmayer (1696–1770), dem der Klosterschreiner Josef Koch zur Seite stand. 42 schön ge-

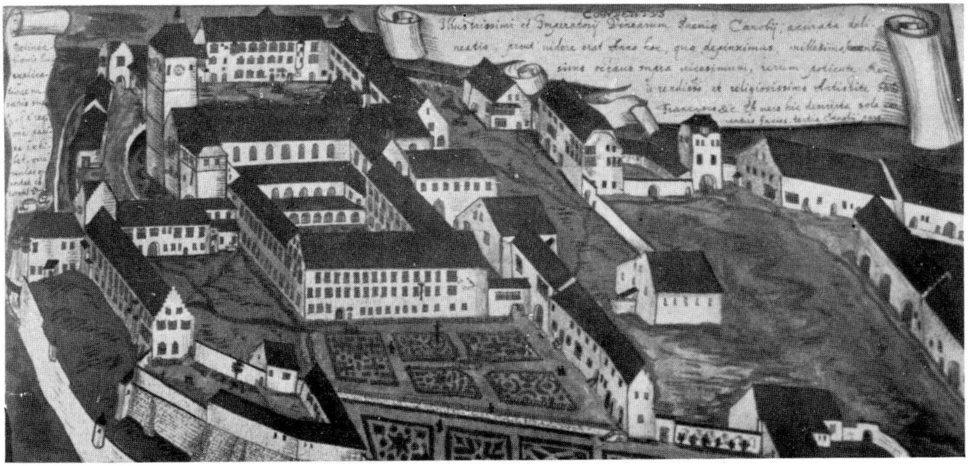

Das alte Kloster. 1628

schnitzte Stallen stehen einander gegenüber. Die glatten Flächen des Dorsals sind mit Bandwerk eingelegt. An ihren Pilastern sind Engelshermen, Putten, Engelsköpfchen und Blütengehänge angebracht. Ein feingegliedertes Gesims trägt die Prospekte der Chororgeln, Kartuschen und einzelne Heiligenfiguren. Ein Meisterwerk der Schmiedekunst ist das Gitter vor dem Hochaltar, das früher Chor und Vierung trennte. Sein perspektivisch verkürztes, Architekturräume vortäuschendes Stabgerüst füllt vielfach verschlungenes Laub- und Bandwerk. *Es wurde entworfen von P. Hermann Mauz, Profeß in Weingarten, und von dem Klosterschlosser Paul Norz von Altdorf-Weingarten (1731/32) ausgeführt, Auftraggeber war, wie sein* Wappen *am Gitter ausweist,* Abt Jost, der 1730-1738 regierte. Er gab auch die berühmte Orgel auf der Westempore in Auftrag (1737). In dreizehnjähriger Arbeit erbaute sie der aus Ochsenhausen stammende Josef Gabler (1700–1771). Ihr Werk ist klangstilistisch typisch für den süddeutschen Orgelbarock. Die Einfügung in die Empore ist hervorragend gelöst. Gabler ließ die Westfenster frei, führte vier Pfeifentürme auf, faßte die beiden mittleren durch ein Kronwerk zusammen und verband auf halber Höhe die Türme mit Brückenwerken. In die Emporenbrüstung fügte er zwei Positivwerke ein.
Zuletzt kam die Kanzel in die Kirche, die der Weingartener Fidel Sporer 1762–1767 anfertigte. Sie ist das einzige Stück der Ausstattung, das die gelassene Ruhe des Frühbarocks aufgibt und den verspielten Dekor des Rokokos im Verein mit schwebenden Engelsfiguren und Putten über Brüstung und Schalldeckel ausbreitet.

DIE KLOSTERBAUTEN

Die nur an einigen wenigen Stellen von farbig getönten Stukkaturen belebten Klostertrakte sind wie die Seitenfronten des Münsters als Putzbauten ausgeführt. Vierstöckige Mittelrisalite und Eckpavillons unterbrechen die Fronten, denen die regelmäßige Aufreihung langer Fensterzeilen eine ruhige und würdige Haltung verleiht.
Im Innern fehlen prunkvolle Säle und Bibliotheksräume. Vieles ist der Zeit zum Opfer gefallen, doch sind Gänge und Gelasse mit zartgetönten, die Entwicklung des Ornaments in der ersten Hälfte des 18. Jahrhunderts wiedergebenden Stukkaturen geschmückt. Der durch zwei Stockwerke gehende Audienzsaal im Nordostpavillon ist der einzige erhaltene Repräsentationsraum

mit einem Deckenbild des Gottfried Bernhard Göz (1742), das die Verherrlichung der Heilig-Blut-Reliquie darstellt.
Der Gesamtplan — *von Josef Schmuzer (1740/41), gezeichnet von P. Beda Stattmüller, Profeß in Weingarten, wie P. Adalbert Nagel erkannte* – zeigt das Idealbild eines in sich geschlossenen, auf voller Symmetrie aller Teile beruhenden Barockklosters, dessen Mittelachse die Kirche einnimmt. Dem Klosterrechteck sollten auf allen Seiten kurvig geschwungene Nebengebäude vorgelagert werden, die Höfe und Gärten umschlossen. Die Erbauung einer hohen, von Stützmauern getragenen Terrasse vor der Westfront unterblieb ebenso wie die einer breiten zweiläufigen Freitreppe zum Kirchenportal.
1797 mußte der Kirchenschatz zur Deckung von Kriegsschulden größtenteils eingeschmolzen werden. Durch die Säkularisation kam das Reichsstift in den Besitz von Nassau-Oranien, 1806 an Württemberg; die Mönche wurden vertrieben. Archiv und Bibliothek des Klosters kamen teils nach Fulda, teils nach Stuttgart. Erst 1922 konnten wieder Benediktinermönche aus Beuron in das Kloster einziehen, dessen Konventbau auf der Südseite sie heute bewohnen, nachdem sie 1940–45 erneut vertrieben worden waren.
Wenn auch die Gesamtanlage nie vollendet wurde, so zeugt sie doch von dem großartigen Bauwillen einer Zeit, die sich ihrer überlegenen Gestaltungskraft voll bewußt war.
Fassen wir noch einmal zusammen, was die Weingartener Kirche über die Baugewohnheiten der Vorarlberger Meister hinausführt: Es ist die Schaffung eines Raumes, der den traditionellen Längsbau mit dem Zentralbau verbindet, die beide in dem hohen Kuppelraum der Vierung zusammentreffen. Am Äußern ist es die Stellung der Türme frei neben dem Schiff und die Tambourkuppel, die hier zum erstenmal in voller Ausbildung im süddeutschen Raume vorkommt. *Die Erbauer haben* italienische Vorbilder gekannt; nahe liegt vor allem Salzburg als Vermittlerin italienischer Raum- und Bauformen, und dort die Kollegienkirche des älteren Fischer von Erlach, die als kreuzförmiger Zentralbau mit Mittelkuppel und hohem Tambour und neben die Fassade gestellten Westtürmen erbaut wurde.

Putto vom Nordaltar des Querhauses

Maße

Länge der Kirche	102,00 m
Breite im Hauptschiff	28,60 m
Breite im Querschiff	43,00 m
Höhe der Gewölbe	26,60 m
Höhe der Seitenkapellen	8,60 m

Hochaltar
(23,74 m)
Bild: Über dem Erdball die hl. Dreifaltigkeit, darunter die Patrone St. Martin und Oswald.
Von Giulio Benso.
Statuen:
St. Konrad, Josef, Johannes, Alto.

Maße

Höhe der Kuppel	66,75 m
Höhe der Türme	58,75 m
Kuppeldurchmesser	14,55 m
Laternendurchmesser	3,60 m
Flächeninhalt	2800 qm

Chorgestühl

Chorgitter

7. Gemälde über dem Hochaltar
Anbetung des Gotteslammes.
Opfer Noes und Abrahams.

6. Deckengemälde im Chor
Das Pfingstwunder.
Die 7 Gaben des Hl. Geistes.

Heilig-Blut-Altar
Aus dem Jahre 1931.
In seiner Höhlung ist tagsüber die Heilig-Blut-Reliquie ausgesetzt.

Chorgestühl
von J. A. Feuchtmayr aus Salem und dem Klosterschreiner Josef Koch.

Kreuzaltar
(ehem. Hl. Blutaltar).
Longinus auf dem Schimmel öffnet die Seite Jesu.
(G. Benso)
Auferstehung Christi.
Statuen St. Peter und Paul.
Welfengruft (1860).

5. Kuppelgemälde
Die triumphierende Kirche.
Sitzende Frau auf päpstlichem Thron stellt die ,,Mutter Kirche" dar.
In den Zwickeln: Die 4 Evangelisten.
Auf den Pfeilern:
Propheten in Stuck von Kuhn.

Sakramentsaltar
Kreuzabnahme
von Carlo Carlone.
Statuen: Joachim und Anna.

Galerie:
Steinigung des hl. Stephanus.
Bilder aus dem Marienleben.

3. Altar
Mariahilf-Altar
Kopie des Innsbrucker Bildes v. Luc. Cranach d. Ä. durch G. Benso.

4. Deckengemälde
Mariä Himmelfahrt.

3. Altar
St. Benedikt
mit Jesuskind und Maria.

Galerie:
Maria mit Jesus und Johannes.
Bilder aus dem Marienleben.

Galerie:
St. Benedikt in der Glorie.
Bilder aus dem Leben St. Benedikts.

2. Altar
St. Sebastian
wird von St. Irene in der Kloake gefunden und von den Pfeilen befreit.
Von G. Benso.

3. Deckengemälde
St. Benedikt in himmlischer Glorie, umgeben von Heiligen, Fürsten und Fürstinnen.

2. Altar
St. Jakobus d. Ä.
Enthauptung des Apostels und seiner Genossen.
Von G. Benso.

Galerie:
St. Benedikt sieht die Welt in einer Kugel.
Bilder aus dem Leben St. Benedikts.

Galerie:
St. Laurentius auf dem Rost.
Von Storer aus Konstanz.
Bilder der Welfen.

1. Altar
Tod des hl. Josef
von Carlo Carlone.
Darüber der Schutzengel.

2. Deckengemälde
Verherrlichung der Heilig-Blut-Reliquie.

1. Altar
St. Joh. Nepomuk
Offenbarung seines Martyriums.
Von F. J. Spiegler.

Galerie:
Bethlehem-Kindermord.
Kopie nach Guido Reni.
Bilder der Welfen.

1. Gemälde über der Orgel
Christi Geburt.

Das Kloster von Südosten

Das Kloster von Westen. Links: Früheres Verwaltungsgebäude des Klosters; heute Pädagogische Hochschule

Idealplan des Klosters aus dem Jahre 1741

Choransicht

Die Türme der Basilika

Nordansicht des Querhauses

Oben: Kreuzgang-Nordseite, außen, unten: Ost- und Nordseite des Kreuzgangs, innen

Westseite des Kreuzgangs, innen

Westseite des Kreuzgangs

Pädagogische Hochschule, Nordseite

Nordwestliche Galerie.
Das Stifterpaar des Klosters, Welf IV. und Judith, mit Heilig-Blut-Reliquie

Deckengemälde von G. B. Göz (1747) im Audienzsaal, Details. Oben: Plan von Schloß Hofen (Friedrichshafen). Unten: Ansicht von Weingarten.

Oben: Links der ehemalige Fruchtkasten der Abtei; heute Bibliothek und geisteswissenschaftliches Zentrum der PH. – Rechts: Akademie der Diözese Rottenburg, Außenstelle Weingarten – Abtei. – Unten: Gesamtansicht des früheren Fruchtkastens der Abtei (1685–1688)

Nordfassade im Klosterhof, links Detail des Portals unter der Sonnenuhr

Blick nach Osten zum Hochaltar

Der Hochaltar

Linker Teil des Chorgitters

Hochaltar, Altarmensa mit Tabernakel

Die Heilig-Blut-Reliquie

Stirnwand des Hochaltars, Stuckmarmor in Einlegetechnik (Scagliola)

Chorgestühl. Nordseite

Teile des nördlichen Chorgestühls

Kreuzaltar im nördlichen Querhaus

Sakramentsaltar im südlichen Querhaus

Deckengemälde im Chor. Das Pfingstwunder

Vierungskuppel mit Fresko: Triumph der Kirche

Die drei Deckenfresken im Langhaus

Gewölbe und Pfeiler zwischen Orgelempore und Hochaltar

Blick in das südliche Seitenschiff mit Kanzel von F. Sporer (1762/65)

Schwebender Engel unter der Kanzel

Blick in die Vierungskuppel und das Langhausgewölbe

Nördliches Seitenschiff und nordwestlicher Vierungspfeiler

Blick von der südlichen Empore zum nördlichen Seitenschiff

Südliche Seitenempore

Blick nach Westen zur Orgel

Seitenansicht der Gabler-Orgel (1737 – 1750)

Blick vom Spieltisch in den Kirchenraum

Spieltisch der Orgel

Ideal-Modell (1956) nach dem sogenannten »Idealplan« aus dem Jahr 1741 (vgl. S. 12)

UMSCHLAG-VORDERSEITE: Die Westfassade der Klosterkirche. UMSCHLAG-RÜCKSEITE: Detail von der Stirnwand des Hochaltars, vgl. S. 28 und 29. TITELSEITE: Klosterwappen über dem Hauptportal der Kirche, im Herzschild Wappen des Bauherrn, Abt Sebastian Hyller.
FOTO-NACHWEIS: Amt für Denkmalpflege, Stuttgart: Seite 7, 12. – Ingeborg Limmer, Bamberg: Seite 1, 10, 13 – 17, 19, 22 – 28, 30, 31, 33, 37 – 39, 41 – 43, 46 – 48. – Helga Schmidt-Glaßner, Stuttgart: Umschlagseiten, Seiten 2 – 6, 8, 11, 18, 20, 29 (beide), 34, 40, 44, 45. – Marco Schneiders, Lindau/Bodensee: Seiten 21 (beide), 32, 35, 36.

In den Text von Richard Schmidt wurden die freundlichen Mitteilungen von P. Adalbert Nagel OSB, Weingarten, eingearbeitet und durch Kursivschrift kenntlich gemacht.

D-6240 Königstein/Taunus (Karl Robert Langewiesche Nachfolger Hans Köster KG). Printed in the Federal Republic of Germany. LB 72. ISBN 3-7845-1872-9